AF242328

LETTRE

D'UN

CURÉ A UN CARDINAL.

LETTRE

D'UN CURÉ A UN CARDINAL.

AFFAIRE

De M. l'abbé Joseph MAURICE,

Au Diocèse de Reims,

PAR

M. l'abbé Joseph DUPONT,

Curé de SUZY (Aisne).

Judicium et justitiam.

LAON

Imp. et Lith. de C. Guillaume, rue St-Martin, 26.

—

1865.

LETTRE

D'UN CURÉ A UN CARDINAL.

AFFAIRE

De M. l'abbé Joseph MAURICE

Au Diocèse de Reims,

PAR

M. l'abbé JOSEPH DUPONT, Curé de Suzy (Aisne).

Judicium et justitiam.

A Son Eminence le Cardinal THOMAS GOUSSET,
Archevêque de Reims.

I.

EMINENCE,

Le hasard et les circonstances m'ont mis entre les mains le *Mémoire à consulter de* M. *l'abbé Joseph Maurice*, curé de Neuvizy. La lecture de ce *Mémoire* si ferme et si concluant, et en même temps si plein d'égards et de convenances me fit une impression tellement vive et pénible, que je ne pus résister au besoin de vous écrire. Le courrier du 13 août vous apporta la lettre confidentielle que je vais reproduire :

« Eminence,

» J'ignorais complètement les faits graves qui se passent dans votre diocèse, lorsque j'ai composé ma réplique à M. le curé de Rethel, intitulée : *Une contre-brochure à propos de l'Amovibilité des Curés*. On m'a, depuis, communiqué le *Mémoire à consulter* de M. l'abbé Joseph Maurice, curé de Neuvizy. Ce *Mémoire* révèle des faits déplorables. Je ne m'étonne plus que Votre Eminence soit malade, on peut l'être à moins. Pour qui se prononcera l'opinion ? Sera-ce en faveur du Curé ou de ses supérieurs et de son Archevêque, romain en paroles et dans ses livres, gallican en fait ? Ah ! Eminence, vous jugeant d'après vos premiers écrits, j'aurais eu pleine confiance en vous pour le redressement de certains torts et de certains abus ; mais aujourd'hui comment recourir à vous, à vous qui avez épuisé tout l'arsenal des rigueurs contre un de vos prêtres, qui n'a été coupable que d'une chose, celle de n'avoir pas immolé son droit à votre omnipotence ? Eminence, vous regretterez devant Dieu cet acte qui trouble vos vieux ans, et qui prouve combien il est facile à l'autorité, toujours si châtouilleuse à l'égard de ses droits et de leur étendue, de se laisser entrainer et surexciter par les mauvais génies qui l'entourent. Hélas ! ces mauvais génies voient le côté faible de leur homme, ils s'insinuent, ils flattent, ils abondent dans le sens du maître, et, au lieu de le retenir par les sévères accents de la vérité, ils ne font retentir à ses oreilles que les accents de cette syrène qui perd les évêques aussi bien que les rois.

» On vous attribue, Eminence, un mot bien spirituel touchant notre pauvre Mgr de Garsignies, de si affligeante mémoire : « Ah ! auriez-vous dit , s'il avait consulté son Gousset ! » Et bien, Eminence, si vous vous étiez mieux consulté vous-même, oserai-je vous dire à mon tour, tout ce qui est arrivé, certainement, n'eut pas eu lieu. Ah ! il faut que le droit d'un pauvre prêtre soit bien fort pour qu'à Rome on lui conseille de s'arranger à l'amiable avec son Evêque. C'est un ménagement pour le supérieur qui implique ses torts.

» Que vous dirai-je encore, Eminence ? Tous ceux qui liront le Mémoire de M. l'abbé Maurice ne verront en lui qu'un prêtre usant du droit de légitime appel et frappé de censures imméritées. Mais puisque le mal est fait, il est bon qu'il soit révélé. Il y a des maux secrets que le grand jour seul peut guérir.

» Eminence, parmi vos prêtres, il y en a qui vous flattent, d'autres redoutent votre disgrâce. Moi, qui ne suis pas de votre diocèse, j'ai pris la liberté de vous écrire. Si vous me demandez en vertu de quoi ? Je vous répondrai : en vertu de la faculté que tout homme a d'écrire à un autre homme. M. l'abbé Maurice dont j'ignorais l'existence il y a deux jours et que je ne connais que d'après son mémoire, ne sait pas que le susdit Mémoire m'a été communiqué, et c'est de mon propre mouvement, sans concert avec qui que ce soit, que je vous dis ma pensée sur cette affaire dont j'ignore, à l'heure qu'il est, l'issue. Vous appellerez peut-être aussi ma lettre *un trait de folie :* Hélas ! il est des sages qui font des folies que ne voudraient pas avoir à se reprocher des fous comme moi. Encore mieux vaut-il être persécuté que persécuteur.

» Agréez, Eminence, etc. »

Telle est la lettre que je vous écrivis à la date du 12 août 1865, sauf les quelques modifications que m'impose le domaine de la publicité. En possession du *Mémoire à consulter*, je fus curieux de savoir ce que Votre Eminence avait pu y opposer et y répondre. On me dit que vous aviez fait un mandement. Je me le procurai. J'ai là sur ma table et le Mémoire avec ses appendices et votre mandement, Eminence, j'ai déjà lu bien des lettres pastorales et des mandements; j'en ai lu de beaux, de magnifiques, et les noms de ceux qui en font de tels sont assez connus du clergé français et en particulier des lecteurs du journal *le Monde*, autrefois *l'Univers ;* j'en ai lu aussi pas mal d'ordinaires et de vulgaires, mais je n'en ai jamais lu de semblable au vôtre, je vous le déclare.

La lecture du Mémoire m'avait causé une impression pénible très franche. Votre mandement m'a laissé une impression indéfinissable ; il m'a fallu le relire plusieurs fois, et vous aurez dû en le composant éprouver quelque chose du malaise vague que j'ai ressenti en le lisant. Enfin, cherchant à me rendre compte de mes impressions et à analyser votre défense ou votre réplique au Mémoire de M. l'abbé Maurice (car votre mandement n'est pas autre chose), j'ai constaté que mon impression première restait toute entière, que ma conviction par rapport à l'exposé sommaire des faits, à la discussion détaillée de la cause, et aux conclusions tirées de cet exposé et de cette discussion, n'était en aucune sorte ébranlée. A mes yeux, sauf erreur bien entendu, je ne prétends pas plus à l'infaillibilité pour moi-même que je ne l'accorde aux autres, le Mémoire n'a rien perdu de sa force ni de sa valeur. Partout, dans ce Mémoire, perce un accent de vérité, de loyauté, de droiture, de rigueur de raisonnement qui convainc et qui touche. D'ailleurs, bien que ferme de ton, il ne manque jamais aux égards ni aux convenances. Il peut blesser quelquefois, parce qu'il se défend ; mais il ne raille jamais, il sait que les railleries moqueuses ne sont point des raisons.

Qu'ai-je vu dans votre lettre pastorale et mandement ? J'ai vu, *pour ce qui concerne le Mémoire* ou le *plaidoyer* de M. l'abbé Maurice, que vous l'appelez un *libelle, un pamphlet scandaleux, révoltant* pour les ecclésiastiques fidèles à l'esprit de leur état ; que vous condamnez le susdit Mémoire et son appendice comme renfermant un grand nombre d'assertions respectivement *téméraires, fausses, erronnées, injurieuses à l'autorité diocésaine, à l'Episcopat français* et au *St-Siége*, (à lui-même !) *calomnieuses et diffamatoires, scandaleuses*, tendant à introduire la division et une *espèce de schisme* dans le clergé.

Il ne m'appartient pas, Eminence, de réformer ce jugement. Mais je puis faire à l'occasion de ce jugement une remarque bien simple. C'est que le *Mémoire* de M. l'abbé Maurice a fait le voyage de Rome, et que ce n'est qu'après son retour qu'il a subi le verdict de condamnation que vous avez prononcé contre lui. Si le *Mémoire* est tout ce que vous dites, comment à Rome n'a-t-il pas été, après lecture, rejeté, réprouvé comme un *factum* odieux, plein de toutes les mauvaises choses que vous dénoncez ? Comment se fait-il qu'on n'y ait pas pensé, et qu'on l'ait trouvé, au contraire, composé *dans un bon esprit*, avec tous les ménagements suffisants pour une défense ? A qui s'en rapporter de l'archevêque qui accuse, qui juge et qui condamne, ou de Rome qui n'a rien argué contre le Mémoire, lequel Mémoire a servi d'introduction à la cause sans conteste préalable. Hé quoi ? d'après vous ce *Mémoire est injurieux au St-Siége lui-même !* et les Romains ne l'ont point vu, eux qui ont l'œil si clairvoyant, et le sens des choses si pénétrant ! Ah ! si le Mémoire renfermait vraiment tout ce que votre œil y voit, ne semble-t-il pas qu'on l'aurait repoussé tout d'abord ? Quiconque voudra bien y réfléchir, sera frappé de cette considération, que je corroborre d'un propos attribué au cardinal Villecourt. Il aurait dit : « Le cardinal Gousset est empétré dans une fâcheuse affaire. La justice n'est certainement pas de son côté. »

Quant à *l'auteur même du Mémoire*, j'ai vu dans votre lettre pastorale et mandement ce que nous savions déjà par le Mémoire lui-même ; que vous le traitez de prêtre *désobéissant et scandaleux*, *présomptueux*, *frappé d'hallucination*, *illuminé*, *d'une ignorance crasse de ses devoirs à l'égard de son évêque et des dispositions du droit canonique qui nous régit, frappé d'aveuglement ou d'endurcissement, animé de sentiments schismatiques, rebelle à l'autorité, schismatique enfin et sectaire !!!*

Et tout cela à propos d'un appel contre sa révocation et d'un refus de nouveau poste. Ça me parait un peu exagéré. L'habitude de vos pensées, Eminence, vous fait déjà voir dans l'abbé Maurice et ses amis *une petite église* dont les chefs, que vous gratifiez du nom aimable *de faux frères*, ne connaissent pas mieux *les hommes que les choses*. Raison de plus alors pour que vous n'ayez point d'inquiétude : les sots n'ont jamais rien fait. Votre imagination a des peurs étranges. Les schismes ne sont point de notre temps. Lamennais, le grand Lamennais lui-même est mort seul dans sa défection.

Et telles sont les aménités dont vos lettres particulières reproduites dans la lettre pastorale, et la lettre pastorale elle-même sont parsemées à l'adresse de l'auteur du Mémoire, qui n'a pas manqué une seule fois aux convenances et au respect dûs à *son supérieur*, et qui a su concilier avec tant de tact l'obéissance avec son droit. Il est vrai que la plupart de ces qualifications sont empruntées à la langue théologique et aux formules de la censure ecclésiastique, et que c'est un style permis aux réquisitoires. Voilà le bon abbé Maurice bien drapé, et s'il faut absolument juger de lui par ces expressions, outre que c'est un mauvais prêtre, c'est un pauvre sire. Et cependant l'a-t-on jugé tel à Rome ? Et son Mémoire est-il donc si bêtement construit, disposé, mené ? Annonce-t-il un homme d'esprit borné, un mauvais cœur ? Et sa relation des faits depuis son retour de Rome, relation à laquelle vous n'avez pas jugé à propos de répondre, est-elle si mal conçue, si dénuée de fondement ? Je sais que ce petit morceau a fait beaucoup d'impression sur les esprits.

Allons, permettez-nous, Eminence, de ne pas nous en rapporter tout à fait à vous, ni au prisme à travers lequel vous voyez notre digne confrère, pour l'apprécier. Sans doute sa résistance et son appel à Rome, conformes au droit, sont chose un peu ennuyeuse, déconcertante. Il eut été plus commode pour vous qu'il obéît simplement, aveuglément à vos injonctions, sans examiner jusqu'à quel point il était tenu de s'y soumettre ; mais enfin, il ne l'a pas voulu. Qu'y faire ? Il s'est mis à cheval sur le droit, et, après avoir pourvu à tous les préparatifs du voyage, il est parti pour Rome, où il est allé chercher une décision ? Est-ce un crime, est-ce un mal ? Non, non, mille fois non. Car l'obéissance a des limites, et le devoir finit là où commence le droit. Le tort qu'il a eu, et il le comprend sans doute depuis son retour, c'est d'avoir relaché de son droit et consenti à des négociations qui ne devaient pas aboutir. S'il est encore en état de refaire un si long voyage, qu'il reprenne sa solide monture, qu'il ne la quitte plus, et qu'il obtienne un jugement en dernier ressort, quel qu'il soit. Car, pour un conflit de cette nature, à Rome seule il y a des juges, vous le savez bien, Eminence; vos propres livres l'ont dit mille fois à propos d'une foule de questions.

II.

Maintenant, si vous le voulez, Eminence, reprenant votre lettre pastorale et en suivant pas à pas la trame, je vais relever çà et là quelques passages, puis je terminerai par quelques réflexions générales sur la grave affaire du curé de Neuvizy, un village désormais célèbre qui restera attaché à votre mémoire.

Page 2. D'abord, vous vous félicitez, Eminence, de l'adresse de vos curés ou de vos *desservants*, comme vous voudrez, et des sentiments qu'ils vous ont exprimés à l'occasion de cette triste affaire, *soit par écrit, soit de vive voix, soit par l'organe des archiprêtres et doyens du diocèse*. Rien de mieux. Mais avant de vous trop prévaloir de ce témoignage demandé à vos inférieurs, et de chercher à opposer tous à un seul, est-il bien vrai qu'il n'ait été exercé aucune pesée sur personne, et que cette Adresse ait été

signée avec spontanéité et sans ombre de respect humain ?
Le *Mémoire* affirme le contraire, et nous révèle à cet égard
de tristes détails. Vous ne les démentez pas. Voyons, la main
sur la conscience, j'oserai dire pour vous, Eminence, qu'il
s'est là fait quelque chose qui n'est pas clair, une petite ma-
nœuvre dont votre haute autorité eut pu se passer, et dont
elle n'a pas lieu d'être absolument fière. Cette pression qui
n'est pas désavouée me met en souffrance et m'inspire quelque pudeur. Je voudrais être franchement débarrassé de mes
petits soupçons. Cependant je suis heureux de savoir que,
malgré tout, cette adresse de votre clergé a eu le don de
vous consoler grandement. Cela prouve qu'il y a un baume
possible à toutes les plaies.

Page 8. Vous dites dans votre lettre du 30 avril à M. l'abbé
Maurice : « Vous n'auriez pas à craindre les inconvénients
que vous redoutez, si vous aviez su diriger le pieux pélérinage de N. D. de Neuvizy. » Et cependant c'est M. l'abbé
Maurice qui a relevé le pélérinage tombé en désuétude, et
qui pendant 28 ans de travaux et d'efforts l'a amené à l'état
florissant et prospère où il se trouve. Il faut avouer qu'un
zèle plus éclairé n'eut pas mieux réussi. Il est heureux
d'avoir des curés qui, manquant de lumières, opèrent de si
belles œuvres. Moi, si j'étais évêque, je n'en voudrais pas
d'autres, je m'en contenterais, que dis-je? J'irais même jusqu'à m'en féliciter. Une trentaine de prêtres comme ceux-là
me renouvelleraient un diocèse et y ramèneraient la pratique si négligée, de nos jours, des sacrements, surtout
dans nos malheureuses campagnes.

Ne parlons pas de la paroisse *beaucoup plus considérable*
qui était donnée au curé en échange de celle de Neuvizy. Il
est difficile de croire que la paroisse d'Inaumont où les
curés passent si rapidement, fut capable de compenser aux
yeux de M. l'abbé Maurice la paroisse de Neuvizy, très peu
populeuse, il est vrai, mais devenue si intéressante par le
rétablissement splendide de son pélérinage.

Page 11. Oui, vous avez dit le mot juste : M. l'abbé Maurice vous a *résisté*. Mais remarquez que la résistance n'est pas toujours la désobéissance ; la première peut être légitime et permise, la seconde jamais.

Vous dites dans une note *qu'il est faux* que vous ayez interdit la communion laïque à l'ancien succursaliste de Neuvizy. Mais ne l'avez-vous pas fait en ces termes clairs : « Vous comprendrez que vous ne pourriez vous présenter à la sainte table pour recevoir la communion *sans éprouver un refus ?* » Et votre Eminence ne trouve pas dans ces paroles une interdiction de la communion ! Il y a là une dénégation de votre part qui semblera à tout le monde une contradiction. C'est en vain que vous cherchez à décliner la responsabilité de cette mesure. Elle est bien votre fait.

Page 12. Vous dites dans une lettre que vous citez : « Je vous ordonne, sous peine de suspense *à divinis, de vous rendre dans la paroisse à laquelle je vous ai nommé.* » C'est donc pour n'avoir pas accepté un autre poste que M. l'abbé Maurice a été frappé des censures sous lesquelles il gémit encore. Mais vous savez mieux que personne, Eminence, qu'on ne peut imposer un bénéfice à charge d'âmes à un prêtre, quel qu'il soit ; et que ce n'est point faire acte de désobéissance que de ne pas accepter cette charge. C'est pourquoi M. l'abbé Maurice regarde comme *nulles en soi*, quoiqu'il les observe, les susdites censures. Et s'il les a observées, avant même qu'elles ne fussent portées, ce n'est pas pour avoir consulté un *simple prédicateur*, au lieu d'un *simple séminariste* au courant du traité des censures, mais parce qu'il a voulu déférer d'avance à vos inévitables rigueurs et être mieux en règle. Son ignorance n'est pas telle, assurément, qu'il ignore ce point de droit élémentaire.

Page 15. Pour démontrer que c'est sans fondement que l'on voudrait vous reprocher, dans votre manière de gouverner, d'avoir suivi *un régime placé entièrement en dehors du droit commun,* vous nous rappelez le rétablissement dans votre diocèse de la liturgie romaine, les conciles provinciaux et les synodes que vous avez convoqués et présidés. Mais ces actes, très-louables en soi, ne touchent pas à la manière dont les curés sont administrés personnellement et pratiquement. Là-dessus, vous ne nous édifiez nullement, vous gardez un discret silence. Je ne blâme pas, je constate. Il est vrai de dire, d'ailleurs, que le gouvernement d'un diocèse, que les nominations, mutations et révocations des curés sont des actes publics qui permettent à tout le monde d'en juger, soit dans l'ensemble, soit dans les détails, et qui accusent ou justifient par eux-mêmes une administration. Je sais qu'en général la vôtre ne passe pas pour trop douce, (c'est peut-être une médisance) et qu'il y a dans votre diocèse des choses qu'on ne voit point ailleurs. Par exemple, ce curé de canton, ce doyen d'Alsfeld, *ce vrai titulaire* qui est vicaire de votre cathédrale, me paraît une chose assez bizarre et assez rare. C'est un berger qui ne peut garder ses moutons. Et la résidence du titulaire, où est-elle ? Celui-là est bien en dehors du droit, s'il en fut jamais. Ce doyen-vicaire, dont un vicaire administrateur gère la paroisse, doit avoir une mine à part, et il ne doit pas marcher de la même manière que les autres hommes sur ses deux jambes. C'est un nouveau *Janus* qui semble toujours dire aux gens : regardez-moi bien, j'ai double face, je suis doyen de ce côté-ci, vicaire de ce côté-là. Que vous êtes drôle, ô mon bon M. Nemry !

Page 17. Passons de ce singulier personnage à un autre, au nouveau curé de Neuvizy. Ah ! Pour lui, tout est miel, tout est rose ! Nous ne pouvons nous dispenser, en homme *civil,* de le féliciter en passant. Heureux nouveau curé ! Il succède à M. l'abbé Maurice, il sera comblé d'éloges et de bénédictions par trois fois dans ce long mandement ! Heureux, trois fois heureux Valentin ! Vivez immortel dans ces pages ! Il y a des noms qui portent bonheur. Je ne doute nullement, d'ailleurs, que M. l'abbé Valentin ne mérite les éloges que lui a prodigués son archevêque. Seulement ils semblent trop venir là pour faire contraste. Evidemment, dans la pensée de Votre Eminence, M. l'abbé Valentin est la crème de vos curés, je veux dire, de vos *desservants*, et M. l'abbé Maurice désormais en est l'écume. Défions-nous des extrêmes, tous tant que nous sommes; l'éxagération est la pente des hommes.

Page *item*. « Mais autre chose est, dit Votre Eminence, pour un supérieur, d'être trop indulgent ou trop sévère, autre chose est d'agir par passion. » Je vous avoue, Eminence, qu'ici encore je ne comprends pas. Ainsi être trop indulgent ou faible, trop sévère et par conséquent injuste, ce n'est plus de la passion dans un supérieur, qu'est-ce donc ? Il n'y a plus de passion, à ce qu'il paraît, qu'à ne pas toujours marcher au gré des supérieurs. Quant à ceux-ci, les excés d'indulgence ou de sévérité n'ont plus rien qui tienne de la passion. Voilà de la morale tout à fait nouvelle et qui pourrait fournir matière à de nouveaux traités.

Page 18. M. l'abbé Maurice se plaint tout le long de son Mémoire d'une diffamation, on lui en oppose une autre, et l'on joue sur un *quiproquo*. M. l'abbé Maurice se plaint d'avoir été diffamé comme *détenteur* des deniers et des offrandes du pélérinage de Neuvizy, mais il ne s'est jamais regardé comme diffamé par les censures qui l'ont frappé. Ces censures, dans l'état de la cause, n'ont, à ses yeux, rien de diffamant ni d'infamant.

Page 19. Je cite : « Si l'ex-desservant de Neuvizy avait accepté son changement avec la résignation du vrai chrétien, de celui qui n'oublie point que notre divin Sauveur s'est fait obéissant jusqu'à la mort. *Humiliavit semeptipsum, factus obediens usque ad mortem.* » Ah ! ici, Eminence, la plume me tombe des mains. Que votre mémoire, que l'on dit prodigieuse, vous a mal servi en mettant au bout de vos doigts cet auguste texte ! N.-S. s'est fait obéissant jusqu'à la mort ! et jusqu'à la mort de la croix. Oui, mais il a protesté contre sa mort, il ne l'a pas acceptée de la part des hommes, de ses persécuteurs , comme une chose juste. Il a répandu à Caïphe, à Pilate. Il a fait sentir à ses juges l'injustice de leur jugement. Avant la mort même, il a reçu un simple soufflet d'un insolent ; mais il a protesté avec calme et dignité contre cet affront. Je ne puis en vérité m'empêcher de déclarer que l'emploi du texte sacré en ce lieu et à cette occasion m'a fait mal. Éh quoi ! alléguer l'obéissance du Sauveur à la volonté de son Père qui lui demandait de mourir pour le salut du genre humain, alléguer cette obéissance divine et volontaire à propos d'une question de droit, et d'un appel en cour de Rome ! jeter à la face d'un pauvre prêtre cette grande parole, parce qu'il ne consent pas à immoler son droit, à se laisser crucifier !!! Mon Dieu ! ayez pitié de nous, pardonnez-nous les défaillances de notre esprit, et préservez-nous d'accoler, par une confusion tout au moins étrange, votre passion à nos passions.

Eminence, puisque vous opposez l'exemple de N.-S. Jésus-Christ à M. l'abbé Maurice, permettez-moi de vous dire que j'incline à croire que N.-S., à votre place, lui eut laissé tranquillement exercer son fructueux ministère, comme il eut laissé, aussi, poursuivre le cours de ses prédications salutaires au vénérable abbé Jullion. Je ne dis pas que l'un et l'autre soient parfaits. Je ne les connais pas. Mais qui est parfait en ce monde ? Les imperfections, les défauts, et pis encore, sont le triste apanage des hommes ici-bas : Le rang, la dignité, la naissance n'y font rien. Les passions humaines ont leur place partout, dans les palais et sur les trônes, comme dans l'échoppe de l'artisan et sous le chaume. L'un doit combattre l'orgueil, l'autre l'avarice, celui-ci la sensualité, celui-là la colère, l'impatience, l'irritabilité que la moindre contradiction lui cause. Eminence, chacun a ses défauts, chacun son fardeau. Bref, que M. l'abbé Jullion soit un *saint* ou non, toujours est-il que c'est un prêtre dévoué, plein de zèle, de talent et de science pratique au moins ; car le bien immense qu'il a fait dans votre diocèse où il est en vénération, vous ne l'ignorez pas, toutes les belles œuvres qu'il a entreprises et dont plusieurs sont restées debout, attestent assez l'esprit de suite dans les affaires. Il n'y a qu'une voix dans tout votre diocèse pour rendre hommage à la vertu de l'infatiguable missionnaire, et vous avez cru devoir, vous-même, encourager ses travaux d'apôtre par des éloges publics. Et aujourd'hui sa présence même vous serait importune ! L'accés auprès de votre personne lui est interdit !

Comment en un plomb vil l'or pur s'est-il changé ?

M. l'abbé Jullion aurait confondu le pouvoir d'absoudre des cas réservés à l'évêque, avec celui de lever les empêchements dirimant le mariage chrétien ! M. l'abbé Jullion est un sujet trop distingué pour avoir commis une telle erreur , et personne de ceux qui le connaissent et qui l'ont entendu n'en croira rien. D'ailleurs la cause de la disgrâce du vénérable missionnaire apostolique n'est point là, tout le monde le sait, ainsi que Votre Eminence.

Page 22. Je cite : « Nous avons évité, autant que possible, de procéder contre l'abbé Maurice par la voie judiciaire, afin de ne pas compromettre de plus en plus sa réputation et celle de ses partisans qui n'étaient pas encore suffisamment connus du public. »

Ainsi, c'est par intérêt pour la réputation de M. l'abbé Maurice que vous n'avez pas agi judiciairement, et lui ne cesse de réclamer l'emploi des voies judiciaires à son égard, pour échapper à l'arbitraire, aux procédés de vos conseillers dont il croit avoir à se plaindre. Pourquoi ne l'avoir pas satisfait à ses risques et périls ? On ne voit vraiment pas bien pourquoi vous l'avez ainsi ménagé malgré lui. D'ailleurs, il n'y a pas même *d'officialité de nom* dans votre diocèse.

Je ne vois pas non plus que pour croire que M. l'abbé Maurice avait le droit d'en appeler à Rome, on compromette sa réputation. On peut perdre vos bonnes grâces, ce qui est fâcheux, mais sa réputation, c'est autre chose. M. l'abbé Maurice a exposé les motifs qui l'ont déterminé à publier son *Mémoire*. C'est le droit de défense. Il faut le respecter.

Page 23. Quel délit M. l'abbé Maurice a-t-il commis ? Celui de n'avoir pas accepté un autre poste, après avoir accepté, tout en protestant, de résigner le sien. Mais, encore une fois, jamais prêtre n'a été obligé, de par le droit, de se charger d'un bénéfice à charge d'âmes, sous peine de *désobéissance scandaleuse, suivie des plus rigoureuses censures*. Ce sont là des prétentions inouies et qui montrent combien le mal qui nous ronge est profond.

Page 29. Il y a une réponse bien facile à faire à l'objection que Votre Eminence tire du silence du cardinal Caprara sur l'article 31 des articles organiques. Le St-Siége ne se doutait pas qu'il fallait entendre par *desservants* les 30,000 curés que l'on dénomme aujourd'hui de la sorte, ni qu'il n'y aurait qu'une justice de paix par canton, quand, avant le nouvel ordre de choses, il y en avait une par chaque paroisse ou commune. Nous ne pouvons nous étendre ici davantage sur ce sujet. Le lecteur un peu au courant de ces matières, suppléera à notre propre silence.

Page 35. Je cite : « Il est permis d'être gallican avec le Pape, avec l'immortel Pie IX. » Mais l'immortel Pie IX n'est pas gallican, Dieu merci ! Les Papes, ses prédécesseurs n'ont pas été des gallicans, parce qu'ils ont donné des décisions pleines de sagesse qui réservent l'avenir et le fond même de la question. On ne demande aux évêques que de les suivre. Que les mutations se fassent *raro, prudenter ac paterne,* et il ne s'en fera plus par *centaines* en un an, lorsque dans certains diocèses elles ne passent pas ce chiffre.

Du reste, il ne semble pas, Eminence, que si les Papes,

dégagés de toute entrave , voulaient nous donner des garanties plus réelles que celles que nous avons vis-à-vis de nos supérieurs, et rétablir chez nous *l'ancienne stabilité, cui SS. Canonum conditores omni tempore favebant* (paroles de SS. Grégoire XVI.), il ne semble pas, dis-je, qu'avec vos convictions, vous leur prêteriez un concours bien chaleureux. Vous seriez plutôt un des obstacles qu'ils auraient à surmonter. Car, vous le savez, le St-Siége a eu quelquefois à lutter non seulement contre des évêques en particulier, mais même contre des assemblées d'évêques, dont il a du casser, annuler, réprouver les actes. Votre excellente mémoire suffira à vous rappeler les faits historiques que je m'abstiens de citer.

Je remarque par rapport aux actes des conciles provinciaux tenus en France, qu'il n'y à plus que ces expressions : *revisa et recognita,* et qu'il est difficile de croire que ces mots dans la pensée du St-Siége ont la même signification *qu'approbata,* approuvés, expression que vous affectionnez presqu'exclusivement.

Page 42. Quelle confusion sur ce nom de curé ! Les *amovibles* sont *vraiment curés,* nous dit-on, et cependant *ne sont point des curés proprement dits.* Car il n'y a de curés proprement dits que ceux qui sont *vraiment titulaires.* Or, les amovibles ne sont pas vraiment titulaires, donc ils ne sont pas curés, quoique *vere tamen parochi nominantur et sunt* (concile provincial d'Aix). Aussi Mgr l'archevêque de Reims n'appelle-t-il les amovibles *curés* que par un *sentiment de convenance.* (page 7 du mandement).

Comment arranger tout cela, je le demande à tout esprit de bonne foi, à un *simple séminariste,* si l'on veut ? Et la logique peut-elle sortir de ce pas sans attraper quelqu'entorse ? Voilà pourtant la confusion qu'amène dans les expressions et dans les choses un système plein d'ambages.

Page 44. Il avait été dit d'abord à l'archevêché que l'appel dé M. l'abbé Maurice était un scandale, voire même un *péché mortel* (voir le Mémoire, page 79). On sent que l'on s'est trop avancé. On ne dément pas le propos. On se contente de dire que c'est sa conduite qui est scandaleuse. Or, le curé s'est soumis à toutes les censures qui l'ont frappé dans la prévision de l'appel qu'il voulait interjeter. Et puis nous voilà, nous autres, des *semi-presbytériens*, ayant des prétentions qui sentent le *presbytérianisme*, parce que nous en appelons au souverain Pontife ! Alors que le souverain Pontife nous condamne et nous interdise tout appel ! En effet, avec le régime que l'on invoque, et où, sous couleur d'administration, on veut s'affranchir de toute règle autre que *son appréciation personnelle*, il n'y a plus rien à faire qu'à prêter le cou au joug. À quoi bon les appels au juge suprême ? Toujours l'évêque, retiré dans le sanctuaire le plus profond de sa conscience, aura de bonnes raisons de déplacer un curé et de l'obliger à aller camper ailleurs. Mais si le gouvernement des diocèses en France exige ce pouvoir *plénipotentiaire*, *discrétionnaire*, comment faisaient donc, Eminence, vos prédécesseurs, lorsque les curés étaient inamovibles ? Sans doute le service des paroisses était impossible, car *ils se devaient* comme vous *à toutes les églises de leur diocèse*. Il est vrai que les temps sont si changés ! Et bien, puissent-ils changer encore, et nous ramener à *l'ancienne stabilité*, pour l'amélioration d'une foule de choses !

Page 47. Je cite : « l'Evêque, qui, dans l'état actuel des choses, peut révoquer un desservant quand il le juge à propos. » Voilà le droit ! nous y voilà ! *Stat pro lege voluntas.* Merci, Eminence, cette fois, c'est parler net. Et toute la longue énumération des conciles provinciaux dont vous braquez les canons contre nous, n'en dit pas plus que ce mot qui les résume tous. Mais c'est justement cet état de choses que nous supplions le St-Père de modifier autant et aussitôt que faire se pourra.

Eminence, les archevêques et évêques de 8 provinces ont parlé, mais les archevêques et évêques des 9 autres provinces ecclésiastiques qui sont au nombre de 17 en France, n'ont rien dit ; donc moitié a parlé, moitié s'est tue sur le point qui nous intéresse. Cette constatation a son importance même au point de vue de simples conciles provinciaux.

Page 48. Je cite : « Quelque temps après, *n'ayant point de nouvelles de cette affaire*, nous avons envoyé à Rome un de nos vicaires-généraux, en le chargeant d'en presser la conclusion. ». Mais le *Mémoire* donne une toute autre version. Et ce serait d'après les explications demandées par Rome que M. Hannesse se serait hâté de s'y rendre. Il y a encore là quelque chose qui n'est point expliqué et qui laisse debout les assertions du *Mémoire*. Je n'ai point ici à relever le parti que Votre Eminence prétend tirer de la lettre du cardinal Quaglia, ni la manière dont vous traduisez le mot *prætensorum*. Ceci regarde personnellement M. l'abbé Maurice qui vous a transmis ses observations à ce sujet dans la *suite de son supplément*.

Page 51. Je cite : « Dieu veuille que sur ce point je n'ai pas à me reprocher d'avoir été plusieurs fois trop faible, trop bon, trop indulgent; d'avoir péché plutôt par excés d'indulgence que par excès de sévérité. »

Voilà le cri et les aveux d'une conscience en peine. Je me les explique. Le même homme peut avoir à se reprocher tout à-la fois trop d'indulgence et trop de sévérité. Ceci n'est point rare. On voit cela partout, et ailleurs qu'à Reims. Parmi un nombreux personnel de subordonnés, outre ceux pour lesquels on ne ressent que de l'indifférence, il y a ceux que l'on aime, et ceux que l'on n'aime pas. Il y a les souples qui savent s'insinuer et plaire, il y a les raides qui ne demandent aucune faveur, et qui ne réclament que la justice et l'impartialité. Or, on épanche volontiers toutes les douceurs, les complaisances et les faveurs sur les uns; les duretés, les disgrâces, les ordres irrévocables sont pour les autres. On faiblit facilement à la voix pateline des uns; on se roidit contre le ton ferme des autres. De là une influence marquée sur les actes. De là des excès de bonté, de bienveillance pour les uns, des excès de rigueur pour les autres. Le point essentiel consisterait à redresser vigoureusement la volonté du coté opposé à celui où elle penche. Car les excès d'indulgence n'excusent pas les excès de sévérité, d'autant qu'il n'y a pas même compensation matérielle, puisque ces excès si contraires ne s'appliquent pas aux *mêmes sujets*.

Page *item*. J'ai été étonné de voir parler de *célébret* pour un prêtre du diocèse. Nous n'avons personne de *célébret*, dont nous ne nous munissons que pour les longs voyages et les pays lointains où nous ne sommes pas connus.

Page 52. Votre Eminence appelle *concessions* la levée de ses censures !!! Du reste, vous mettez à vos *paternelles concessions* des conditions telles que je me demande ce qu'en peut penser le cardinal Quaglia, et comment elles peuvent s'accorder dans son esprit avec la *douceur qui vous distingue*. En vérité, Eminence, vous retirez d'une main ce que vous semblez rendre de l'autre, et vous portez, ce me semble, les choses un peu loin. Si M. l'abbé Maurice veut être relevé de ses censures, et retrouver le droit de célébrer, il faut qu'il subisse *l'exil*, un véritable exil, de sa propre maison, de Neuvizy, et même du canton. Heureusement qu'il ne plait pas à Votre Eminence de l'exiler de l'arrondissement et même du diocèse, comme étant un sujet de trouble et de scandale. Mais l'Etat ne prive personne de son domicile que pour crime. Voilà donc les exorbitances de l'état de choses où nous vivons, et rien ne démontre mieux le besoin d'y remédier que toute cette déplorable affaire.

Page 53. Nous autres *amovibles*, nous n'avons point de bénéfice, dites-vous, nous ne sommes point *soumis* au *régime bénéficiaire*. C'est votre opinion, Eminence, ce n'est point la nôtre. A Rome, vous le savez, on nous regarde comme bénéficiaires relativement au traitement que nous recevons du gouvernement, aussi bien que les *inamovibles*. La question est de savoir quelle est la nature des bénéfices paroissiaux en France ; sont-ils *manuels ou perpétuels ?* Je laisse de côté cette controverse. Ce n'est pas ici le lieu de la discuter.

Page *item*. Avec les explications que vous donnez pour atténuer la contradiction ou l'opposition où vous vous êtes mis vous-même vis-à-vis des décrets des conciles provinciaux que vous avez présidés et des statuts de vos synodes diocésains, on a toujours raison, jamais tort. A ce compte il n'y a plus rien d'absolu en ce monde, si ce n'est notre volonté qui saura toujours donner à toute chose le tour qui lui conviendra, et se ménager quelqu'échappatoire.

Page 59. Je cite : « Aussi nous nous abstenons d'examiner la relation que M. l'abbé Maurice nous a faite de son voyage. » C'est plutôt fait. Cependant ce document, d'ailleurs si remarquable de forme, en méritait la peine. Car ce qui s'est passé à Rome est un des nœuds et des points les plus importants de l'affaire. Mais là dessus discret silence, pas de réponse. Je ne dis pas que l'on en doive à M. l'abbé Maurice, un suspens ! Mais alors sa relation nous reste, à nous, public. Elle n'est point démentie, donc elle vaut.

Page 64. Par rapport à M. l'abbé Jullion, Votre Eminence nous dit qu'il ne lui a pas été fait défense de se présenter devant elle, mais que seulement on lui a fait dire que s'il se présentait à l'archevêché, *il ne serait pas reçu.* Vraiment, s'il n'y a pas là une défense, je ne comprends plus le français, ou Votre Eminence ne se comprend plus elle-même.

Page *item*. Votre Eminence entreprend ici la justification de ses conseillers, en prenant tout à sa charge. A la bonne heure, les voilà, quant à eux, lavés, parfaitement lavés de tout reproche, de toute faute, les voilà blancs comme neige, administrativement, et tout le noir, s'il y en a, est pour la robe du cardinal. Oh ! qu'ils doivent aimer un maître qui les met si bien à couvert sous le manteau de sa haute protection ! qu'ils doivent se frotter les mains d'aise, les heureux mortels ! Pour moi, j'envie leur sort. J'ai le malheur d'être responsable de tout ce que je fais ; je répondrai de cet écrit.

Page 65. Votre Eminence abandonne le mot *enrégimenter*, et dit qu'on n'improvise pas des religieuses comme on improvise les soldats que l'on fait entrer dans un régiment. C'est une autre tournure. Vous tenez à la comparaison. Il est vrai, d'ailleurs, qu'on n'improvise pas des religieuses. Mais l'histoire *des petites sœurs des pauvres* nous apprend qu'un humble vicaire d'une petite ville de Bretagne a pu former à la vie religieuse, sans qu'elles fussent au couvent, de pauvres jeunes filles qui se trouvèrent toutes prêtes à faire de parfaites religieuses, lorsque fut fondé l'institut. Car la grâce de Dieu, *cette habile ouvrière*, opère où elle veut. Le lieu, le temps, les instruments, tout lui est bon.

Page *item*. Votre Eminence se sent près de fatiguer les autres et de se fatiguer elle-même. Elle abrége, elle a bien raison. C'est assez. Que le public juge maintenant si les assertions et la relation du mémoire sont anéanties. Pour moi, je n'en crois rien. Mais je puis me tromper, je le répéte, j'exprime ma conviction, je ne rends pas un jugement.

Page 66. Enfin, Eminence, vous faites un grief à M. l'abbé Maurice d'avoir imprimé son *mémoire* ou son *plaidoyer* sans votre permission, ou celle des ordinaires du lieu où ce plaidoyer et ses appendices ont été imprimés. A cela je me permettrai de vous adresser très humblement une question et de faire appel à votre bonne foi. Voyons, Eminence, si M. l'abbé Maurice vous avait soumis son manuscrit et vous eut demandé l'*imprimatur*, le lui auriez-vous donné ? Dans l'état de la cause je ne crainds pas de dire, non ; vous lui auriez fait un formel refus. Mais quoi ? A Rome on exige un *mémoire imprimé* pour l'examen de la cause, quand on interjette appel à ce suprême tribunal. Dès lors comment ferai-je, si mon évêque ou l'ordinaire du lieu me refuse cet *imprimatur* que vous jugez nécessaire ? Evidemment il y a ici une lacune à combler et un point de discipline sujet à interprétation. Laissez au pauvre prêtre, coupable ou non, le moyen de se défendre, de se justifier s'il est innocent ; laissez à sa faible voix un écho. Qu'il ne soit pas accusé, jugé et condamné sans avoir pu se faire entendre. Il n'est plus de notre temps d'enchaîner la défense ou la pensée, soumise d'ailleurs, nous le reconnaissons, à la légitime censure de l'Eglise et de l'Etat.

Mais, dira Votre Eminence, les lois de l'Eglise, que deviendront-elles ? Eminence, je ne vois dans ces lois qui sont éminemment sages qu'une chose, la défense aux simples prêtres d'imprimer sans la permission ou l'approbation de l'ordinaire des *commentaires ou exégéses sur les Livres saints : Librorum hujus modi.* Voilà ce qui est de droit commun dans l'Eglise, et ce que renferment les prescriptions du Ve Concile de Latran, renouvelées par celui de Trente, pas davantage.

Quant à la grave question de l'amovibilité que soulève incidemment l'affaire de M. l'abbé Joseph Maurice, comme la lettre pastorale et mandement de Votre Eminence est de tout point identique aux idées émises par M. le curé de Rethel dans la brochure qu'il a faite, et à laquelle j'ai répliqué par ma *contre-brochure à propos de l'amovibilité des Curés,* je renvoie à cet opuscule, ainsi qu'à celui de M. le curé de Vaucluse, tout lecteur qui voudra voir ce que l'on peut répondre aux partisans de l'amovibilité, au nombre desquels se range Votre Eminence. Pour nous, nous croyons qu'un jour l'opinion tournera en France de notre côté. De même que nos seigneurs les évêques ont abandonné les idées gallicanes en bien des points, les liturgies particulières et diocésaines, de même ils se rapprocheront peu à peu de l'ancienne discipline. Ils commenceront par ne plus faire de mutations que pour *des causes canoniques*. Ce qui sera déjà un grand pas de fait vers le mieux. Nous savons que plusieurs de nos seigneurs les évêques sont dans ces heureuses dispositions. Dieu aidant, d'autres viendront animés des mêmes sentiments. La profonde vénération et l'amour dont leur clergé reconnaissant les entourera, sera un stimulant pour d'autres qui verront comment on gagne le cœur du prêtre français qui ne demande pas mieux que de marcher sous des chefs vénérés et confiants. Car le prêtre français aime, quoi qu'on en dise, l'autorité. Il la sait nécessaire, et il voudrait la voir toujours environnée d'une triple couronne de respect, d'estime et d'affection, et rehaussée par le solide éclat du mérite personnel et de vertus véritables.

III.

Eminence, la lecture de votre mandement m'a convaincu plus que jamais que cette triste affaire tournait purement à la lutte, aux récriminations amères et railleuses. Un point, un seul point domine tout ce débat. Vous voulez interdire à M. l'abbé Maurice le séjour de Neuvizy, vous voulez qu'il n'habite pas sa propre maison. Tout est là. Le reste n'est qu'accessoire dans l'espèce. Et vous n'êtes si fortement engagé dans la question d'amovibilité qu'à cause de cela. Vous feriez facilement litière du reste et dormiriez en paix, si vous obteniez ce résultat capital. Et quand il serait certain que la présence de M. Maurice à Neuvizy n'aurait aucun des inconvénients que vous redoutiez et que l'indifférence de ses paroissiens à tant atténués selon vous, vous n'en persisteriez

pas moins à vouloir l'exiler de Neuvizy et même du canton
dont fait partie cette localité. Affaire d'amour-propre plus
que tout le reste, c'est évident, et puis, affaire d'intérêt de
position. Un supérieur croirait se suicider, s'il revenait sur
ses pas. Et pourtant, quant à moi, et je crois qu'il en serait
de beaucoup d'autres comme moi, j'aurais appris avec infi-
niment d'édification et avec un redoublement d'estime et
d'admiration pour votre auguste personne que, renonçant à
des rigueurs inutiles et odieuses, vous auriez tout simplement, à son retour de Rome, levé les censures dont vous
aviez frappé M. l'abbé Maurice, si digne, si respectueux
dans sa résistance, lui laissant la consolation bien légitime
de passer le reste de ses jours et de mourir dans le lieu au-
quel il a consacré la plus belle et la plus active partie de sa
vie. D'autant plus qu'au point où les choses en sont venues,
vous n'obtiendrez pas l'acquiescement de M. l'abbé Maurice à
vos désirs ou à vos ordres. Il se regarde comme injustement
frappé, et qui oserait dire que le ciel ratifie les censures qui
le chargent ? Il préférera vivre dans l'état malheureux où il
est, et attendre le jugement de Dieu par la mort, si n'inter-
vient pas le jugement des hommes, je veux dire, du Vicaire
de Jésus-Christ. Oui, il attendra l'heure de votre départ pour
l'éternité. Aux extrêmes confins de l'âge où vous êtes par-
venu, cette heure ne peut tarder beaucoup à sonner ; et
alors M. l'abbé Maurice sera délié de ses censures, tandis-
que vous irez en répondre devant Dieu, juge suprême des
actions et des intentions.

O danger du pouvoir et des grandeurs ! Mon Dieu ! Ma
responsabilité sera toujours assez grande, elle sera terrible !
Mon Dieu ! Je vous bénis de m'avoir fait naître dans une con-
dition obscure, à l'abri des énivrements que donne la fumée
du pouvoir. Je ne veux pas sortir du rang modeste où la
Providence m'a placé : Je renonce à toute dignité, à tout
honneur. Mon Dieu ! Notre amour-propre est si grand, notre

aveuglement si profond ! Que l'élévation et la possession des grandeurs de la terre ne vienne pas l'augmenter encore ! Faites à d'autres ce présent funeste. Laissez-moi avec les humbles et les petits. Ecartez de mon cœur la folie de l'ambition !

Maintenant que j'en ai fini avec une tâche ingrate et difficile, entreprise dans l'unique but de venir en aide à un Confrère trop durement éprouvé, permettez-moi, Eminence, de m'adresser au plus petit et au plus grand, dont l'un est votre inférieur, et l'autre votre supérieur, comme il l'est de tous.

Vénéré Confrère, vous que recommande 29 ans d'un ministère béni de Dieu, ne vous affaissez pas dans votre douleur. Sachez qu'il en est, parmi vos frères dans le sacerdoce, qui font des vœux sincères pour l'heureuse fin de vos épreuves, et qui suivent avec intérêt les péripéties et les phases de votre cause qui est la leur. Peut-être seront-ils demain éprouvés de la même manière que vous l'êtes aujourd'hui. Courage, vénéré Confrère, vous dont les vertus sont couronnées de l'auréole de la tribulation. Soyez humble, mais ferme. Recourez de nouveau au St-Père, le soutien des faibles ; lui qui peut compter sur notre amour, comme nous comptons sur sa douce protection ; lui qui rend justice suprême à tous, et qui, entre tous les hommes, par une prérogative sublime et nécessaire, est incapable de sacrifier le faible au puissant. Dites-lui, si vous avez le bonheur d'aller embrasser de nouveau ses pieds sacrés, que nous nous soumettrons toujours à lui, à son jugement, quel qu'il soit. Car, condamnés par lui, nous serons certains de l'être justement. Absous, ce sera pour nous l'infaillible garantie de notre droit.

O Père des agneaux et des brebis, évêque des évêques mêmes, vous nous aimez tous : Vous aimez les évêques, vos augustes frères dans l'épiscopat ; mais vous aimez aussi les simples prêtres qui sont vos *filioli* par excellence.

Ah ! Très-Saint-Père, peut-être un jour, porté sur les ailes de la vapeur et du vent, ou simplement le bâton de pèlerin à la main, irons-nous à notre tour nous prosterner à vos pieds sacrés. Alors nous ne vous quitterons pas, O Père bien-aimé, et nous ne reviendrons de Rome qu'absous ou condamné. Nous vous demanderons sur place le jugement et la justice, *judicium et justitiam;* la justice que nous aimons tant ! La justice et le droit auxquels nous sommes prêt à nous immoler le premier, pourvu que ce soit vraiment la justice et le droit, la justice qui n'a qu'un nom : *égalité de tous sans la loi.*

Veuillez agréer, Eminence, les hommages de vénération profonde dont est pénétré pour votre illustre personne,

Votre très-humble et très-obéissant serviteur,

Joseph DUPONT,
Curé.

Suzy, le 15 septembre 1865.

www.ingramcontent.com/pod-product-compliance
Lightning Source LLC
Chambersburg PA
CBHW061347050726
47595CB00005B/2115